Alexandre HALOT

Vingt-cinq ans de Civilisation au Congo

2e ÉDITION

BRUXELLES
LIBRAIRIE FALK FILS
15-17, RUE DU PARCHEMIN
1908

VINGT-CINQ ANS

DE

CIVILISATION AU CONGO

2e ÉDITION

DU MÊME AUTEUR

Traité de la situation légale des étrangers en Belgique. (Bruylant, Bruxelles et Chevalier Marescq, Paris.)

Du recouvrement des créances commerciales en Belgique. (Falk fils, Bruxelles.)

La colonisation française au Tonkin. (Imp. des Travaux Publics, Bruxelles.)

L'Impératrice Tseu Hi. (Falk fils, Bruxelles.)

L'Extrême Orient. — Études d'hier. — Événements d'aujourd'hui. (Falk fils, Bruxelles et Alcan, Paris.)

ALEXANDRE HALOT

VINGT-CINQ ANS
DE
CIVILISATION AU CONGO

BRUXELLES
LIBRAIRIE FALK FILS
15-17, RUE DU PARCHEMIN

1908

TABLE DES MATIÈRES

INTRODUCTION.

Au moment où la question du Congo va être discutée devant les Chambres belges et où le public devra forcément se former une opinion sur la valeur de la colonie, il nous paraît opportun de mettre à la portée de tous les renseignements qui la concernent.

Dans ces derniers temps, M. Alexandre Halot a publié diverses études parues d'abord dans des revues comme la *Belgique Artistique et Littéraire* ou la *Revue des Questions scienti-*

fiques. Ces travaux avaient pour objet, les uns l'analyse intrinsèque de l'œuvre congolaise, les autres le groupement de réflexions de principes sur la question coloniale. Leur portée ainsi nettement définie était étrangère aux points de droit actuellement soumis aux discussions parlementaires.

Ils n'en sont pas moins fort utiles à ceux qui désirent avoir en quelques pages, des renseignements complets et précis sur les faits ; ce n'est, en effet, que sur la connaissance des faits qu'on peut étayer une opinion éclairée au sujet du grave problème soumis à la Belgique.

Aussi croyons-nous rendre service à nos compatriotes en publiant une seconde édition augmentée, de ces études de M. Halot, dont les premiers tirages sont complètement épuisés.

Nous nous sommes efforcés de les condenser en un petit volume d'une lecture claire et rapide, permettant à chacun de se documenter en fort peu de temps.

Nous espérons que le public nous saura gré d'apporter ainsi notre pierre à l'édifice de la bibliographie pratique du Congo.

L'ÉDITEUR.

VINGT-CINQ ANS

DE

CIVILISATION AU CONGO

VINGT-CINQ ANS

DE

CIVILISATION AU CONGO

La question du Congo est à l'ordre du jour, non seulement en Belgique, mais même en Europe. Chacun s'y intéresse, alors que pendant si longtemps elle laissait l'opinion indifférente; les pouvoirs publics l'étudient; il n'est pas un journal qui ne la traite.

Chaque jour nous apporte à son sujet, des arguments dont le nombre n'assure du reste pas toujours la nouveauté.

L'État Indépendant doit-il ou ne doit-il pas son existence au traité de Berlin?

Ses voisins peuvent-ils, par une combinaison imprévue du droit international, émettre la prétention de se mêler de ses affaires intérieures?

Dans quelle mesure la Belgique peut-elle, avant de l'annexer, avoir la prétention de contrôler ce qui s'y passe?

Les fonctionnaires de l'État doivent-ils nécessairement être des perfections?

L'État du Congo pouvait-il empêcher totalement l'existence de certains abus?

L'impôt sous forme de travail est-il ou non, légitime et nécessaire?

Le Congo, ayant dû vivre de ses propres forces ou à peu près, avait-il pour devoir de se laisser mourir d'inanition tout en assurant l'enrichissement de quelques commerçants?

Telles sont, avec quelques autres, qui se ramènent toujours à peu près à celles-là, les questions que nous avons vu examiner et discuter avec plus ou moins de sincérité (1).

Mais il nous semble que l'on oublie un

(1) Nous sortirions du cadre de ce travail, en parlant ici des problèmes de droit qui se posent à propos de l'annexion. C'est là une question toute différente de l'aperçu historique qui est notre but.

peu, dans cette polémique parfois tendancieuse, une étude qui cependant serait essentiellement de nature à nous éclairer sur les mérites et l'utilité de l'État du Congo, et par conséquent à nous faire juger sainement les choses.

Cette étude, c'est l'histoire qui doit nous la fournir.

Pour la faire, nous ne devons parcourir qu'un laps de temps bien court, puisque toute l'existence de l'État du Congo est comprise en un quart de siècle. Et cependant combien notre exposé serait long si nous pouvions être complet dans la nomenclature des faits que l'activité du Congo a accumulés pendant ces vingt-cinq années. Nous devons donc nous borner à ne présenter ici qu'un rapide aperçu du travail accompli.

Ignorance de l'Afrique, il y a un quart de siècle.

On ne doit pas être bien vieux pour pouvoir se rappeler combien peu de temps suffisait, jadis, à enseigner aux écoliers la géographie de l'Afrique.

Sur les bancs de l'école, on nous donnait une idée de ce qu'est l'Egypte, puis nous étudiions les colonies françaises du Nord, nous apprenions que Tripoli était une dépendance de la Turquie, que les États européens avaient essayé d'établir certains comptoirs sur les côtes de l'Est et de l'Orient, que la France avait eu des relations avec Madagascar, qu'au delà du cap de Bonne-Espérance, baptisé en 1498 par le roi Joa II de Portugal, existaient des républiques indépendantes, souvent convoitées, que certains indigènes du Midi s'appelaient les Zoulous... Et ma foi, c'était tout ou à peu près; l'étude du restant était bien simplifiée, puisque tout le centre de cet immense continent était représenté par une énorme tache blanche intitulée : « Contrées inconnues ». On trouvait peu utile de rappeler longuement les efforts faits par les Portugais au XVe et au XVIe siècles, et dont les résultats avaient, du reste, été insignifiants dès le début, et ensuite tout à fait perdus. Leur colonisation avait précisément manqué de ce qui fait la gloire et le succès des méthodes modernes, que cette étude va nous permettre de mettre en lumière; en dehors d'une propagande religieuse comprise d'une manière assez étroite, les colonisateurs de cette époque n'avaient guère fait fleurir sur les côtes d'Afrique, d'autre commerce que celui des esclaves. En 1816 seulement, se forme la fameuse expédition Tuckey qui a pour but l'exploitation scientifique du « Zaïre », et qui remonte jusqu'aux cataractes. Le Bas-Congo seul était donc exploré, lorsqu'enfin, en 1853-1856, le grand Livingstone fit la première traversée du continent africain dans la région équatoriale; cela se passait à une époque si proche de nous, que l'on ne peut même pas l'appeler hier, et pendant laquelle les États abandonnaient l'Afrique aux idéalistes : les missionnaires et les savants.

Les efforts héroïques de ces hommes admirables purent, il est vrai, faire connaître quelques points isolés des deux extrémités du grand fleuve, mais laissaient planer le voile de la plus complète obscurité sur toute la longueur de son cours de Niangwe à Isanghila.

Il était nécessaire au succès de tant d'aspirations généreuses, de tant d'efforts, de dévouements et de sacrifices de nobles existences, qu'un esprit supérieur les comprît et centralisât leurs travaux; c'est alors que la grande figure de Léopold II surgit, pour diriger l'entreprise gigantesque de la pénétration africaine. « Ce sera, dit Paul Leroy-Beaulieu, l'éternel honneur du roi Léopold d'avoir deviné l'avenir de cette partie du monde, de l'avoir préparé par d'immenses sacrifices, de ne s'être laissé envahir ni par la fatigue ni par le doute qu'eussent pu susciter chez un esprit moins ferme, les lenteurs et les mécomptes des débuts. Il mérite par là d'être compté au rang des plus grands souverains de ce temps comme créateur d'empire. »

L'impulsion méthodique qu'il donna à cet élargissement du monde, entraîna d'un mouvement irrésistible toutes les activités des différentes nations dans une concurrence féconde pour le partage de l'Afrique.

Aussi ne peut-on s'empêcher de proclamer qui si les grandes nations colonisatrices possèdent maintenant une portion du continent jadis mystérieux, elles doivent l'origine de leur conquête à la grande initiative du Roi des Belges; comme Léopold II en exprimait l'espoir, dès 1876, Bruxelles, ou plus exactement, le Palais de Bruxelles, est devenu le quartier général de ce mouvement civilisateur. Maintenant, après l'accomplissement de cette entreprise géniale que personne n'avait osé risquer, on peut sans doute s'offrir le plaisir de critiquer la manière dont fut accomplie telle ou telle étape du chemin si rapidement parcouru; lorsque l'expérience est faite, il est toujours aisé de « prophétiser » après coup, et de s'imaginer ce qu'on aurait fait dans telle ou telle circonstance à laquelle on est resté parfaitement étranger. Mais ce que personne ne songe à nier, c'est la rapidité extraordinaire avec laquelle furent créés, au sein d'une contrée sauvage, le mécanisme compliqué d'un État et les mille rouages d'une civilisation européenne. L'étude succincte de ce qui a été accompli est aussi pleine d'intérêt historique que d'enseignement pratique.

La situation avant la colonisation actuelle.

Point n'est besoin d'insister sur l'absence complète d'organisation d'ensemble, que présentait il y a vingt-cinq ans, le territoire congolais.

Il ne restait rien des tentatives de la colonisation portugaise qui, d'ailleurs, s'étaient arrêtées à peu de distance de la côte.

Il ne restait rien non plus du vaste royaume indigène, chanté par Camoëns et qui, limité, pendant sa splendeur même, à un territoire relativement minime, n'avait pas tardé à souffrir des agressions de ses voisins moins civilisés.

Les peuplades moralement isolées les unes des autres, continuellement en lutte sanglante les unes contre les autres, étaient forcément en butte à toutes les misères morales et physiques des peuples les plus primitifs.

L'insécurité absolue, les habitudes les plus féroces de guerres, de meurtres et d'anthropophagie, étaient aggravées encore par la plaie terrible des incursions arabes. Tout le monde se souvient de l'état lamentable dans lequel les trafiquants arabes avaient mis les populations. L'importation de l'alcool qui ruinait la santé du nègre, et le commerce dont ce pauvre nègre était lui-même l'objet, abrutissaient et décimaient tout à la fois la population.

Nous avons été édifiés sur le mode de domination des Arabes par les récits des razzias de villages cernés pendant la nuit, dont les maisons étaient brûlées, les défenseurs mis à mort, et les femmes et les enfants emmenés en esclavage en longues files de pauvres êtres, dont les trois quarts mouraient en route, de privations, de souffrances et de mauvais traitements.

C'est ce pays dénué d'une organisation de quelque étendue, dont les forces indigènes étaient rendues stériles par leur éparpillement et leur éloignement énorme du reste du monde, qui ne connaissait, en fait de grandes voies de communication, que celle des Arabes dévastateurs, c'est ce pays qu'il s'agissait de transformer.

A-t-on fait quelque chose dans ce sens en ce court espace de vingt-cinq ans et qu'a-t-on fait?

Quelle est la succession des tranformations accomplies?

Telles sont les questions d'histoire contemporaine que nous voudrions examiner succinctement dans cette étude, dont le but est uniquement de renseigner par une lecture rapide, ceux qui n'ont pas le temps de consulter les ouvrages plus développés sur la matière, ou que leurs occupations n'ont pas amenés à s'attacher spécialement à ces questions.

Il sera aisé de conclure de l'exposé de faits qui va suivre, si nous devons croire qu'en d'autres mains la colonisation du Congo eût pu faire des progrès plus rapides; lorsque nous nous serons documentés sur le travail réalisé au Congo, chacun de nos lecteurs pourra en apprécier la valeur, en comparant, au point de vue de leur importance et de leur rapidité, les résultats acquis avec ceux qui furent réalisés au XIXe siècle dans d'autres colonies.

Exploration méthodique de la contrée.

Dès le début, la colonisation du Congo a été visiblement inspirée par le désir d'éviter les errements qui avaient amené l'échec des tentatives du passé. Pour rénover l'Afrique au profit tant des colonisateurs que des colonisés, il fallait un plan méthodique de pénétration; ce premier travail systématique devait permettre, d'abord de connaître les parties les plus reculées de l'immense continent, ensuite d'assurer des relations suivies entre les contrées nouvellement explorées et la métropole.

Loin donc de se borner à l'établissement de quelques comptoirs peu éloignés de la côte, comme auraient pu le faire des trafiquants inspirés du seul désir d'un gain immédiat, nous voyons l'initiateur de l'œuvre congolaise profondément convaincu dès le début, de la nécessité de développer les moyens de transports. L'admirable essor des États-Unis d'Amérique nous montre assez que, de nos jours surtout, les voies de communication sont les grands moyens de diffusion de la civilisation.

Dans ce but, il fallait d'abord connaître parfaitement les voies naturelles existant dans le pays, et ensuite, les compléter sans délai, par des communications artificielles dans les endroits où la nature était insuffisante.

La façon même dont les premières explorations furent dirigées, témoigne déjà de ce souci.

Au début on avait tout naturellement suivi la voie des expéditions antérieures, en prenant comme point de départ, Zanzibar et la côte orientale. Mais dès que Stanley, qui venait de traverser tout le continent, eut abouti, le 9 avril 1877, à l'embouchure du Congo, et eut démontré ainsi, quelle était la véritable voie de pénétration et de communication à l'intérieur du centre africain, Léopold II prit immédiatement la décision hardie autant que clairvoyante, de tirer parti de ce résultat acquis.

C'est cette compréhension immédiate du plan nouveau à suivre, c'est son adoption aussitôt faite avec l'emploi éclairé de tous les moyens les plus pratiques d'exécution, qui assurèrent le succès de l'œuvre de pénétration européenne en Afrique.

Le public était quelque peu abasourdi du résultat de l'admirable voyage de Stanley, mais les découvertes révélées par lui ne sortaient pas du domaine vague de l'admiration des savants et des « dilettante ». C'est dans de pareils moments que se révèle particulièrement précieuse, l'influence de la volonté d'un seul homme. L'Europe se complaisait encore dans le domaine idéal d'une exploration imprécise; mais celui auquel elle avait, lors de la Conférence géographique de 1876, reconnu l'initiative de l'exploration africaine, se décidait au contraire immédiatement, à charger Stanley de mettre à profit ses récentes découvertes.

Dans ce but, avant même que le grand explorateur ne fût arrivé en Europe, les nouveaux projets comprenaient l'abandon de la route orientale qui avait été adoptée en juin 1877, lors de la première réunion de la Commission internationale de l'Association internationale africaine. Désormais, c'est par la voie du grand fleuve, remonté depuis son embouchure, que l'on conquerra le mystérieux continent. Dès son débarquement à Marseille, en janvier 1878, Stanley était mis au courant, par des envoyés spéciaux, du plan qui était la conséquense de son voyage; il recevait en même temps la proposition formelle d'être l'exécuteur de ce plan nouveau.

Au milieu de l'année 1879, on avait eu le temps déjà, de s'entendre sur tous les points et d'élaborer les plans nécessaires; le 14 août 1879, l'expédition, dirigée par Stanley lui-même, arrivait à l'embouchure du Congo, et sept jours après, le 21, elle levait l'ancre pour s'enfoncer par la grande voie d'eau à l'intérieur du pays. Pendant cette période de préparation, les projets s'étaient précisés.

L'expédition avait été soigneusement étudiée afin qu'elle eût un résultat immédiat et pratique. C'était sans doute la première fois que l'exploration de l'Afrique était abordée d'après un plan d'ensemble méthodique.

Il s'agissait d'abord d'explorer complètement la contrée, pour doter, aussitôt après, les pays découverts, des moyens de transport les plus perfectionnés.

Le 25 novembre 1878, on fondait à Bruxelles, le Comité d'études du Haut-Congo, dont l'objet était de servir de point d'appui financier à une enquête minutieuse sur les ressources économiques et commerciales du bassin du Congo.

Création d'un « État ».

Quelques mois après, l'inspirateur de ce gigantesque effort, avait déjà vu la nécessité dans laquelle on se trouverait, de créer au sein du continent nouveau, une entité politique qui assurât l'ordre indispensable et servît de soutien aux entreprises civilisatrices et économiques.

Stanley paraît donc chargé tout à la fois, de recueillir sur place tous les renseignements nécessaires pour assurer le succès durable de la colonisation du centre africain, et aussi de jeter d'ores et déjà les bases d'une puissante organisation sociale indispensable, c'est-à-dire d'un État; lorsqu'après les courtes années qui nous séparent de cette période héroïque, on considère le chemin parcouru, on est bien forcé de reconnaître que c'était là une des conceptions les plus grandioses que l'histoire ait enregistrées.

Cette œuvre considérable de génération spontanée, en pays hostile, d'un État organisé, fut accomplie en moins des cinq années qui suivirent. Tandis que Stanley, explorant entièrement la région qui s'étend jusqu'à Stanley-Pool, conclut avec les chefs indigènes des centaines de traités et, selon les ordres du Roi, établit un gouvernement de fait, d'autres expéditions dirigées par une pléiade de jeunes officiers belges, poussent en tous sens des reconnaissances hardies; il s'agissait, en effet, d'assurer immédiatement au jeune État qui déjà plongeait ses racines dans l'intérieur du continent, un débouché vers la mer, pour le cas où la sortie vers le grand fleuve lui serait contestée; il s'agissait aussi de le doter, dès ses débuts, de territoires fructueux s'étendant vers l'intérieur aussi loin que possible. Nous ne pouvons ici raconter en détail l'histoire de ces explorations qui déjà comprennent les bords du Tanganika, Niangwe, Luluabourg, le Niadi-Kwilu et bien d'autres endroits dont la nomenclature suffit à montrer que l'Afrique ne sera plus désormais la grande tache blanche de nos anciennes cartes géographiques.

Une noble rivalité animait dès ce moment les différentes puissances susceptibles de conquérir et de civiliser l'intérieur africain. La conséquence de l'impulsion donnée par le fondateur de l'Association internationale africaine, a été précisément de stimuler, au plus grand profit de la civilisation en général, toutes les énergies susceptibles de contribuer à l'œuvre entreprise. La rivalité momentanée qui peut exister pour la conquête de tel ou tel point, entre deux pionniers de la même œuvre, ne doit pas faire oublier l'avantage considérable que les énergies d'un chacun retirent de la concurrence.

Sans Brazza, Stanley n'eût peut-être pas réalisé aussi rapidement et aussi sûrement son plan; sans Stanley, Brazza n'eût sans doute pas réussi à doter son pays de la magnifique colonie que celui-ci lui doit. Et l'un et l'autre peuvent faire remonter en grande partie, leurs merveilleuses découvertes à celui qui avait conçu l'idée d'ouvrir l'Afrique à la civilisation européenne. C'est donc essentiellement une œuvre «européenne» que nous admirons et que nous analysons en ce moment en parlant du Congo; aussi les grands disparus que nous venons de citer, ont-ils le droit, ainsi que leurs collaborateurs, à la reconnaissance de l'humanité.

Les voies de communications.

Les chemins de fer.

Dès cette période de 1879 à 1884, Stanley vit la nécessité d'une voie de communication artificielle qui devait compléter la voie naturelle du grand fleuve, dans la partie où les chutes supprimaient sa navigabilité. Il vint en Europe pour le dire. Cette nécessité économique proclamée par Stanley était, du reste, parfaitement d'accord avec les nécessités de la civilisation que l'on voulait introduire en Afrique. Comme l'a si bien reconnu dans son article premier, l'acte général de la Conférence de Bruxelles (1889-1891), « l'un des moyens les plus efficaces de combattre la traite à l'intérieur de l'Afrique, était, en effet, la construction de voies ferrées en vue de substituer des moyens de transport économiques et accélérés, au portage actuel par l'homme ». Des mesures furent donc prises immédiatement pour compléter par des chemins de fer, l'admirable réseau de voies navigables que l'on venait de découvrir et mettre ainsi en un bref délai, le centre africain en rapports directs et rapides avec le reste du monde.

Dès 1878, l'impulsion du Roi Léopold avait fait naître un syndicat dont l'objet était d'envoyer sur place une mission chargée « d'examiner la question de la construction d'une voie de communication par chemin de fer et bateaux à vapeur, entre le Bas et le Haut-Congo ». Après la période de formation de l'État par les explorations que nous avons déjà mentionnées, après les premières études faites des ressources économiques du pays, après les négociations diplomatiques qui aboutirent à la réunion de la Conférence de Berlin et à la reconnaissance de l'État par les puissances, le problème vital de la création d'un chemin de fer, constituait la deuxième étape de l'œuvre entreprise et fut aussitôt étudié.

Le 9 février 1888 se constituait donc la « Compagnie du Congo pour le commerce et l'industrie », dont le but était notamment de poursuivre l'étude, la construction et l'exploitation d'un chemin de fer reliant le Bas-Congo au Stanley-Pool. Le 26 mars de la même année, une première convention était déjà conclue entre la Compagnie à peine née, et l'État Indépendant.

L'étude aussitôt entreprise était terminée à la fin de 1888. La Compagnie initiatrice décidait alors de confier le travail à une société spéciale fondée le 31 juillet 1889 sous le nom de « Compagnie du chemin de fer du Congo », au capital de 25 millions de francs. La première brigade d'ingénieurs chargés de commencer les travaux, quittait Anvers le 11 octobre 1889, et les premiers travaux de terrassements étaient entamés en 1890. Après mille difficultés imprévues tant financières que techniques, qui se présentent tout naturellement dans une entreprise d'une pareille envergure, les créateurs de cette ligne de 400 kilomètres, eurent la joie bien méritée de l'inaugurer officiellement le 2 juillet 1898, huit années à peine après le commencement des travaux.

Aussitôt on songea à une seconde ligne : le

chemin de fer du Mayumbe, destiné à relier Boma aux régions fertiles de la Lukula; la concession en fut octroyée le 21 septembre 1898, et trois ans après, en 1901, une ligne de 80 kilomètres était en exploitation.

La navigation intérieure.

Le service de navigation intérieure, que ces lignes de chemin de fer doivent compléter, était assuré en même temps par toute une flottille de navires spécialement construits ; il y en a maintenant près de quatre-vingts représentant environ 3,590 tonnes, et sillonnant le Congo et tous ses affluents navigables, de manière à rayonner dans le pays tout entier.

En 1901, six ans après la reconnaissance de l'État Indépendant du Congo par les puissances, on avait donc déjà couvert de bateaux à vapeur, le vaste réseau navigable du Haut-Congo, et relié le haut fleuve à la mer par la voie ferrée, en même temps qu'on avait pourvu d'une sortie rapide vers l'Océan, les régions importantes du Bas-Congo par la ligne du Mayumbe. La possession du centre africain par les Européens, était de la sorte garantie pour l'avenir ; il devenait impossible à des révoltés de les isoler complètement du monde civilisé duquel la distance était considérablement raccourcie ; les richesses de l'intérieur du continent doublaient de valeur par le fait même qu'elles devenaient aisément transportables dans le monde entier, en même temps que les marchandises européennes devenaient accessibles aux noirs. Enfin, ceux-ci se voyaient dans la possibilité d'employer leurs facultés à des travaux moins pénibles et plus utiles qu'à l'industrie du portage, dans laquelle ils étaient désormais avantageusement remplacés. La construction des deux premières lignes terminée, l'on songea du reste à compléter la réseau, dans le but de relier le haut fleuve aux différentes frontières de l'État, et d'assurer ainsi aux hommes et aux marchandises, d'autres routes que la seule voie du fleuve jusqu'à Banana.

Les lignes nouvelles.

Dès le 4 janvier 1902, une convention était passée entre l'État et la « Compagnie des chemins de fer du Congo supérieur aux grands lacs africains » ; elle avait en vue différentes lignes reliant le fleuve, d'une part jusqu'à la frontière de Rhodésie, et d'autre part jusqu'au Nil d'abord, jusqu'au Tanganika ensuite; ces lignes doivent mettre à la portée de la civilisation, le Manyema connu pour sa fertilité, la région caoutchoutière du Lualaba, et les mines du Katanga. Le premier tronçon de ce vaste réseau (qui lorsqu'il sera achevé, comprendra près de 3,000 kilomètres), la ligne Stanleyville-Ponthierville, vient d'entrer en exploitation. Comme le constatait récemment la *Gazette de Cologne,* dans un avenir très prochain, l'immense continent noir sera traversé entièrement par une voie de communication ininterrompue dont l'achèvement est appelé à rendre les plus grands services à la civilisation africaine et au commerce en général, ainsi qu'au développement économique de l'État Indépendant.

Les lignes qu'elle consacre à cette grande question, résument d'une façon saisissante l'immensité du chemin parcouru. Nos lecteurs nous sauront gré de les traduire :

« Nous connaissons, dit-elle, le chemin de

fer de Matadi à Léopoldville, contournant les rapides du Bas-Congo (400 kilomètres). A Léopoldville, le Congo devient accessible à la navigation sur une distance de 1,600 kilomètres, jusqu'aux Stanley-Falls. Ici, les cataractes ont nécessité la création d'une autre voie ferrée de *527 kilomètres jusqu'à Ponthierville,* d'où nous pouvons parcourir en bateau une nouvelle étape de 300 kilomètres. Nous voici déjà bien loin ; le chemin de fer des Stanley-Falls à Ponthierville est achevé depuis le mois de septembre et la navigation est ouverte sur le fleuve à partir de ce dernier point jusqu'à Kindou. Voilà donc nos moyens de transport assurés, de la côte ouest à l'intérieur, sur une longueur de près de 2,450 kilomètres.

« Continuons. On vient d'entamer la construction d'une nouvelle ligne de chemin de fer longeant le fleuve depuis Kindou jusqu'à l'étranglement du Congo dit « la Porte d'Enfer » ; sur les 515 kilomètres auxquels on évalue son développement, 27 kilomètres seraient achevés, dès à présent, à en croire les plus récentes correspondances. Les travaux avançant très rapidement, on estime qu'ils seront terminés dans deux ans; dès lors, toute la vallée du Congo sera ouverte au commerce sur une étendue d'environ *3,400 kilomètres*.

« Avançons encore : après la Porte d'Enfer se présente un nouveau tronçon navigable ne mesurant pas moins de 650 kilomètres.

« Dans quelques années, une voie ferrée partant de la « Porte d'Enfer », tout le long de la vallée du Loukouga, jusqu'au Tanganika (dès à présent sillonné par les vapeurs), reliera la grande ligne du Congo à l'Afrique Orientale allemande, grâce au chemin de fer central est-africain, jusqu'à Udgiji. »

Tel est, fort bien résumé, par le grand quotidien allemand, le résultat obtenu en vingt ans au point de vue des voies ferrées !

Les routes.

Ce travail considérable est dès à présent complété dans toute l'étendue de l'Etat, par un réseau de routes spéciales qui remplaceront les antiques sentiers de caravanes, là où il y en avait, et créeront des communications dans les endroits où il n'y en avait pas; tout un service de camions automobiles s'organise sur ces routes, pour rayonner sur les côtés des lignes de chemins de fer et assurer ainsi le ravitaillement et le transport rapide des marchandises sans l'emploi du portage.

La suppression graduelle du portage humain.

Les automobiles.

La route pour automobiles, reliant le Congo au Nil, aura un développement total de plus de 900 kilomètres; à part quelques tronçons non encore achevés, elle est déjà ouverte au charroi. La grande route de portage du Nord avec toutes ses misères, ne sera bientôt qu'un souvenir du passé.

D'autre part, des automobiles ont été envoyées dans l'Uélé, et y ont donné jusqu'ici les meilleurs résultats. Certaines d'entre elles, destinées plutôt au transport des marchandises, ont pu atteindre jusqu'à une vitesse de 20 kilomètres à l'heure.

Les chariots à bœufs et les éléphants.

Du côté de l'Enclave, le portage à dos d'hommes a été remplacé par des attelages de chariots à bœufs. Entre Loka et Faradje (200 kilomètres) fonctionne actuellement un service régulier de 20 chariots à 6 bœufs chacun. On utilise aussi dans le sud, certains taureaux comme montures. En même temps, les tentatives faites par l'État en vue de l'utilisation des éléphants, ont été, après bien des déceptions, couronnées d'un premier succès ; à force d'essais répétés, on est parvenu à conserver un certain nombre d'éléphants capturés dans leur jeunesse, et à les dresser déjà à porter leur cornac et même à traîner une charge.

Le télégraphe et le téléphone.

Ces moyens de transport sont complétés par les communications instantanées du télégraphe et du téléphone dont l'installation fut commencée en 1894; en juillet 1895, on pouvait déjà téléphoner de Boma à Matadi à une distance de 52 kilomètres. Un peu plus de quatre ans après, la ligne principale du fil électrique atteignait 1,200 kilomètres, sans parler des lignes secondaires dont l'une (Kasongo - Kabambaré) s'étendait jusqu'aux bords du lac Tanganika.

L'Afrique était donc sillonnée par le télégraphe dans toute sa largeur.

Les lignes de navigation vers la métropole.

Ce réseau si complet de moyens de communications en Afrique, ne pouvait donner tous les résultats désirés, que si le pays colonisé se trouvait en rapports constants avec la métropole; c'est alors seulement que le trafic intellectuel et matériel pouvait se développer au plus grand profit de tous. Aussi assurait-on dès l'année 1891 un départ mensuel régulier d'Anvers.

Les ports.

Quatre ans après, un service était organisé sous pavillon belge, et maintenant cinq lignes assurent des relations si fréquentes entre l'Europe et le Congo, que le mouvement des ports de Banana et de Boma atteint un chiffre annuel de 500,000 tonnes. Aussi des travaux importants ont-ils été effectués dans les deux ports et dans celui de Matadi, ainsi qu'à l'embouchure du fleuve, pour assurer la sécurité et la rapidité de la navigation.

* * *

Le rapide aperçu que nous venons de donner des progrès réalisés sous le rapport des moyens de communications, a retardé un peu l'examen que nous devons faire, de l'évolution morale, économique et politique du territoire qui, il y a vingt ans, était le domaine incontesté de tribus sauvages et de leurs ennemis, les dévastateurs arabes.

La civilisation devant nécessairement être secondée par les moyens pratiques et matériels de pénétration, il nous a paru intéressant de signaler tout d'abord l'admirable réseau de navigation, de chemins de fer et de routes, qui désormais assure dans toutes les parties de l'État, la diffusion des influences dont nous allons parler maintenant.

Comme nous avons déjà eu l'occasion de le dire, l'ordre, que la colonisation établit au sein d'un pays neuf, constitue tout à la fois la condition primordiale de son succès et le premier bienfait qu'elle puisse produire.

Certaines contrées, même douées d'un gouvernement indigène assez régulier, souffraient néanmoins, avant la colonisation, de toutes les misères du désordre et du brigandage, parce que le pouvoir national ne disposait ni des moyens d'organisation, ni des communications nécessaires pour faire sentir partout son autorité. Tels furent, par exemple, le Tonkin et la Tunisie, pour les populations desquels la colonisation fut un bienfait à cause de cela. Tel est aussi le cas du Maroc, dont le gouvernement est trop faible pour assurer l'ordre et dans lequel bien des difficultés se produiront sans doute encore.

A plus forte raison en est-il ainsi pour un pays comme le Congo, dénué jadis de toute organisation centrale, et livré à tous les malheurs résultant des guerres de tribu à tribu sur lesquelles venaient se greffer les incursions des brigands arabes.

L'autorité munie désormais de moyens de communications avec les différentes parties du territoire, put, dès lors, s'y faire sentir en créant une administration complète.

Organisation administrative.

Le territoire a été divisé en quinze districts à la tête de chacun desquels se trouve un commissaire de district; agissant sous l'autorité du gouverneur général, il a « le devoir « général de développer l'occupation effective « de son district, d'y consolider l'autorité de « l'État et de renseigner les populations sur « le but civilisateur poursuivi par le gouver- « nement » (1). Les districts qui constituent les unités administratives sont, lorsqu'ils sont très étendus, divisés en zones, à la tête desquelles se trouvent des chefs de zone; districts et zones sont divisés en secteurs — dirigés par des chefs de secteur, et comprennent des postes secondaires, qui con-

(1) Baron Descamps, *L'Afrique Nouvelle.*

stituent le moyen de contact direct avec les villages indigènes compris dans leur rayon. Il y a actuellement au Congo plus de 250 postes et stations, et 70 postes de culture et d'élevage, alors qu'il y a vingt ans, il n'y avait que 13 postes.

Les « chefferies » indigènes.

Le contact de ces postes avec les indigènes, est facilité par le respect des usages de la population. C'est le souci de l'observation des mœurs traditionnelles du pays, qui inspira le décret du 6 octobre 1891. Celui-ci permet d'investir d'une autorité gouvernementale, des chefs indigènes chargés d'administrer leur village selon les coutumes nationales, en même temps que sous la surveillance et dans l'esprit du gouvernement européen. Ces chefferies constituent donc en quelque sorte de petits protectorats ; elles servent d'intermédiaires entre la population et le gouvernement dont l'autorité est plus facilement admise et, par conséquent, plus efficace, lorsqu'elle est représentée par un noir que la coutume nationale oblige de respecter.

Il y avait jusqu'à présent environ 260 chefferies indigènes reconnues, auprès desquelles l'autorité centrale était représentée soit par le commissaire de district, soit parfois par un résident dont le titre même indique bien cet esprit de protectorat, plutôt que d'assimilation directe, qui préside à l'organisation des chefferies. L'importance de ce rouage indigène d'autorité, ressemblant à ceux que l'expérience a fait adopter dans bien d'autres colonies, vient d'être démontrée d'une manière toute spéciale par le décret rendu à son sujet par le Roi Souverain, le 3 juin 1906. L'expérience faite pendant quinze ans pour certains endroits déterminés, a fait étendre le principe des chefferies à tout le territoire ; désormais, en vertu de l'article 1er du décret, « tout indigène est réputé faire partie d'une chefferie dont le chef reconnu a droit à la protection spéciale de l'État ». Le chef doit à ses ressortissants, aide, protection et justice (art. 12 du décret de 1906); il est responsable de la bonne tenue de sa chefferie, il doit communiquer à ses administrés les ordres du gouvernement et transmettre aux autorités les demandes des gens de sa chefferie. Tous les autres devoirs concernant les travaux nécessaires à l'hygiène, la poursuite des crimes et délits, la levée des miliciens, et en général toutes les autres branches d'une administration régulière et prévoyante, sont minutieusement énumérés dans le décret. Pour ce travail complexe, le chef reçoit une rémunération qui, afin de ne pas nuire aux administrés, ne peut dépasser 5 p. c. de celle qui leur est accordée pour les prestations qu'ils fournissent. La généralisation de ce système, dont l'expérience avait démontré les avantages, établit donc le principe d'une administration mixte, confiée simultanément aux autorités traditionnelles des populations indigènes et aux agents européens de l'État civilisateur. Loin de se contrecarrer, ces deux groupes de représentants du pouvoir, travaillent au même but et trouvent dans leur collaboration, l'avantage considérable de faire pénétrer jusqu'aux coins les plus reculés du pays l'influence du pouvoir souverain.

L'armée.

L'organisation du pays, comme celle de n'importe quel autre Etat, demandait évidemment l'existence d'une force armée; il n'est pas difficile de comprendre qu'elle était même plus nécessaire que partout ailleurs, dans un pays neuf, de civilisation aussi rudimentaire; pour assurer le maintien de l'ordre, la protection des personnes et des biens des indigènes et des non indigènes, ainsi que la sécurité du commerce, le Gouverneur général exerce le commandement suprême de la force publique; il peut même, suivant les besoins, organiser des corps de police locale, tels qu'il en existe dans les agglomérations principales; le commissaire de district peut naturellement faire appel aux troupes de son ressort, de telle sorte que la sécurité publique puisse être assurée aisément dans toute l'étendue du territoire. Au début, on ne put composer l'armée que d'hommes étrangers à la population de l'État, car avant d'obtenir le recrutement d'autochtones, l'on devait peu à peu gagner leur confiance, et leur prouver qu'il était possible de rentrer chez soi après achèvement du service militaire.

Après la première période de tâtonnements pendant laquelle chaque chef indigène désignait, pour le service, un certain nombre de ses administrés, le décret du 30 juillet 1891 organisa une véritable armée nationale. Son principe est que le mode suivant lequel s'opère la levée, est déterminé de commun accord avec le chef indigène; l'application du régime nouveau fut étendue peu à peu aux différentes parties du pays, suivant les circonstances et les milieux. Le traitement bienveillant dont les soldats sont l'objet, a permis de résoudre au Congo le problème important de réduire au minimum, pour la population, la charge du service militaire; en effet, tandis qu'en 1889 le nombre des engagés volontaires n'était que de 111, il était environ de 6,000 en 1905; aussi, l'autorité pourvue d'assez d'hommes, a-t-elle pu réduire dans une proportion inverse le nombre des miliciens, qui étaient annuellement de 6,000 en 1896 et n'était plus, les dernières années, que d'environ 2,000. Actuellement, l'armée de cette colonie autonome qui jamais n'a pu, comme d'autres, demander l'aide des troupes d'une métropole, est dotée d'un noyau solide de vétérans rengagés ; les enfants indigènes abandonnés et élevés par l'État, ainsi que les esclaves libérés arrachés aux Arabes, constituent pour l'armée une pépinière de recrues futures.

Réglementation de l'emploi de la force armée.

A mesure que le besoin s'en faisait sentir, des dispositions, particulières ou générales, ont été prises pour diriger l'emploi de la force armée et empêcher ses abus. Un décret du 3 juin 1906 limite nettement les cas dans lesquels elle peut être amenée à se rendre chez les populations indigènes pour la répression des révoltes, le maintien de l'ordre et l'exécution des lois; il défend l'usage des armes, sauf pour cause de légitime défense ou de flagrant délit; des peines très sévères sont prévues contre tout agent de l'autorité qui aurait agi en pareille matière sans être légalement qualifié pour le faire; afin de déterminer strictement et de diminuer le plus pos sible les cas d'intervention armée, le décret distingue les opérations de police des opérations militaires. Un autre décret de la même date, inspiré par le même désir de protection de l'individu, soumet à des règles très strictes, la possibilité du port d'armes et interdit même « le port de fusils à piston ou de fusils perfectionnés, aux noirs chargés d'opérations d'ordre commercial avec les indigènes ».

L'organisation judiciaire.

Une des premières nécessités d'un État organisé est d'assurer la répression des attentats à l'ordre social ainsi que le jugement équitable des litiges survenant entre les citoyens, afin que ceux-ci ne soient point entraînés à se rendre justice à eux-mêmes. L'extension et la régularité du fonctionnement de la justice sont le véritable critérium de l'ordre et de la civilisation d'un pays. Au Congo, contrée d'exploration, couverte de forêts et dénuée jadis de pouvoir central, l'organisation judiciaire devait, au début, être fatalement des plus rudimentaires; elle ne pouvait que suivre la prise de possession effective du territoire et succéder à l'existence bien établie des postes dirigés par des agents de l'État. Les coutumes indigènes variant de tribu à tribu, incomplètes et primitives, ne pouvaient servir de base à l'établissement du droit nécessaire à un grand pays. La nécessité de créer de toutes pièces des rouages nouveaux, se faisait donc sentir bien autrement qu'elle ne se montre dans des pays déjà anciennement civilisés, pourvus de tribunaux indigènes bien avant la conquête; tels sont, par exemple, le Tonkin et la Tunisie. Tout au plus suffisait-il qu'au Congo l'on songeât, en organisant la justice, à maintenir certaines notions nationales éminemment respectables et appropriées à la civilisation des noirs, surtout en ce qui concerne le droit de famille. Les nécessités de la civilisation nouvelle firent établir deux séries de tribunaux répondant à deux ordres de juridiction : les tribunaux civils et les conseils de guerre. Parmi les tribunaux civils, celui qui jusqu'à présent a réuni pour tout le territoire l'universalité de juridiction en matière civile commerciale et pénale, est le tribunal de première instance du bas Congo, siégeant à Boma.

Le décret du 3 juin 1906 vient de décider que des tribunaux semblables siégeraient désormais à Léopoldville, Coquilhatville, Stanleyville et Nyanwara, c'est-à-dire jusqu'aux confins orientaux de l'État.

Afin de suppléer à l'impossibilité qu'on avait rencontrée de multiplier plus tôt les tribunaux, il était jusqu'à présent loisible à celui du bas Congo de se déplacer suivant les nécessités du service, pour rendre la justice dans telle ou telle localité; la création de quatre nouveaux tribunaux semblables à lui, supprime donc pour le tribunal de Boma, la nécesité d'être itinérant.

En matière pénale, son rôle avait déjà été restreint, comme sera restreint celui des quatre nouveaux tribunaux de première instance, par l'existence de tribunaux spéciaux appelés tribunaux territoriaux, dont la compétence était purement pénale; à mesure que le territoire s'organise, le nombre de ces tribunaux territoriaux va évidemment en augmentant; tout récemment il y en avait treize, parmi lesquels se trouvaient ceux dont nous venons de dire qu'ils sont élevés désormais au rang de tribunaux ayant la juridiction complète; il en reste donc momentanément neuf à compétence purement pénale.

Les décisions de ces juridictions peuvent, sauf les limites des règles de procédure, être déférées au tribunal d'appel siégeant à Boma. La législation congolaise connaît même un second degré d'appel devant le conseil supérieur siégeant à Bruxelles, lorsque la valeur du litige déjà jugé en appel à Boma, dépasse 25,000 francs. La Cour de cassation, jugeant en droit pur, siège également à Bruxelles et est formée aussi par le conseil supérieur. Les tribunaux militaires ont naturellement, comme leur nom même l'indique, la compétence spéciale qu'ils ont en tous pays, en raison des personnes; mais un progrès considérable sur bien des pays d'Europe, leur a été imposé par l'existence d'un tribunal militaire d'appel. Toutes ces juridictions, composées de plus de cinquante magistrats européens résidant en Afrique, sont chargées d'appliquer une législation des plus complètes ; celle-ci forme dès longtemps toute une série de Codes tels que nous en connaissons en Europe.

Cette organisation judiciaire est certainement la plus complète et la plus étendue de toutes les contrées de l'Afrique centrale. Elle n'empêche pas, du reste, l'existence de la juridiction des chefs indigènes, jugeant, conformément à la coutume nationale, les affaires purement indigènes, dans les limites du village ou de la tribu.

On accoutume peu à peu les noirs à l'existence des tribunaux de l'État ; on multiplie dans ce but, les cas dans lesquels ils peuvent avoir recours à ces juridictions nouvelles pour eux ; par exemple, lorsqu'un indigène saisit la justice de l'État, plutôt que le chef noir, d'un litige qu'il a avec un autre indigène, les tribunaux organisés selon les principes européens, peuvent retenir et juger l'affaire. L'article 95 (livre 1er) du Code pénal prévoit que « lorsque la partie lésée est un indigène, « le tribunal peut prononcer d'office les resti-

« tutions et les dommages-intérêts qui sont « dus en vertu des usages locaux ». On s'efforce surtout de préparer pour l'avenir l'acceptation par les esprits indigènes, des principes du droit européen, mais l'équité autant que la prudence commandent le maintien des coutumes locales, comme le montre si bien l'extension du régime des chefferies. Les pratiques féroces de la barbarie sont naturellement seules à ne pouvoir être tolérées. On n'en peut conclure qu'elles aient déjà disparu, car l'influence du droit européen et des mœurs civilisées ne peut se faire sentir que par une sorte de rayonnement autour des postes de l'État, et diminue tout naturellement à une certaine distance de ceux-ci. Mais plus ces foyers de civilisation se multiplient, plus se restreint le domaine possible des coutumes barbares comme, par exemple, le cannibalisme; on ne peut s'empêcher d'être surpris du progrès énorme réalisé sous ce rapport en vingt ans, car chacun de nous peut se souvenir de l'époque où on n'allait pas au Congo sans courir le danger d'être mangé. Que cela paraît déjà loin!

L'ouverture de l'Afrique à l'influence européenne, a été l'occasion d'un nouveau triomphe du Code Napoléon qui a été adopté comme base du droit civil de l'État, en subissant naturellement certaines modifications nécessitées par le milieu nouveau auquel il devait s'appliquer.

Le régime foncier.

Dans l'ordre économique, le régime foncier est plus avancé au Congo qu'en Belgique, car on y a introduit le système de l'act Torrens, qui donne aux propriétés inscrites dans les registres, une véritable personnalité indépendante de celle de leurs propriétaires.

Les terres des indigènes.

Le service de l'enregistrement des actes fonciers est complété par un cadastre régulièrement dressé. Dès 1885, une ordonnance suivie d'un décret du 14 septembre 1886, maintenait en la possession des indigènes, les terres qu'ils occupaient. Celui des décrets du 3 juin 1906 consacré à cette matière, développant sous ce rapport le principe des décisions antérieures, et désirant encourager les indigènes à étendre les cultures auxquelles ils se livrent, permet au gouverneur général de tripler l'étendue des terres qui leur sont ainsi réservées. Cette décision aura le double effet de développer moralement l'indigène en augmentant la quantité de son travail, et d'étendre aussi, par le fait même, la partie du territoire tombant effectivement sous l'influence de l'État. Le vice-gouverneur général vient déjà de prendre les mesures nécessaires à l'exécution de ce décret.

Les mines.

Au régime des terres, se rattache tout naturellement la question des mines. Déjà des recherches méthodiques ont été opérées dans la région méridionale du Katanga, qu'on peut considérer dès à présent comme pas mal connue ; les travaux de prospection n'ont évidemment pas eu le temps d'être encore poussés aussi avant dans toutes les parties du pays.

Le principe est qu'aucune exploitation de

mine ne peut avoir lieu sans une concession spéciale du Roi-Souverain, sauf pour les indigènes, qui ont le droit de continuer à exploiter pour leur propre compte les mines situées dans le sous-sol des terres qu'ils occupent. Le développement du pays devait dépendre de l'intensité que prendrait le commerce des richesses naturelles découvertes, dont l'échange était désormais favorisé par les nouveaux moyens de transport.

Les sociétés commerciales.

Depuis plus de deux siècles, l'article d'exportation presque unique avait été le « bois d'ébène », l'esclave noir, et l'on compte par millions, les malheureux qui en cet espace de temps, furent victimes de l'ignoble trafic.

Aux débuts de l'État Indépendant, quelques rares factoreries établies à la côte, représentaient seules le commerce européen et licite du Congo. C'est en 1887, il y a à peine vingt ans, que furent fondées les trois premières sociétés belges. Comme le faisait remarquer une excellente brochure parue en 1905 à l'occasion de l'Exposition de Liége, il y avait à ce moment, huit sociétés congolaises, quarante-trois sociétés belges et seize sociétés étrangères, qui s'occupent d'affaires au Congo et opéraient avec un total capital de 142 millions et demi, tandis que le nombre des comptoirs ouverts au négoce, est d'environ 560. Ce n'est qu'à partir du 1er juillet 1886, époque à laquelle a été établie la perception des droits de sortie, que l'État a pu dresser des statistiques exactes des produits indigènes exportés de son territoire.

Développement du commerce.

Il résulte des tableaux publiés par le *Bulletin officiel,* qu'en 1887, le commerce spécial était de 1,980,441 fr. 45 c. et le commerce général de 7,667,969 fr. 41 c., tandis qu'en 1903 ils étaient montés respectivement à 54,597,835 fr. 21 c. et 63,955,400 fr. 53 c.

La statistique comparée des importations n'est pas moins instructive; elle n'a pu être dressée qu'à partir du 9 mai 1892, date à laquelle la perception des droits d'entrée a commencé. Aussi pouvons-nous voir le progrès considérable réalisé sous ce rapport en dix ans. En 1893 le commerce spécial d'importation était de 9,175 103 fr. 34 c. et le commerce général de 10,148,418 fr. 26 c., tandis qu'en 1903 ils étaient respectivement de 20,896,331 fr. 2 c. et de 23,933,375 fr. 2 c.

La lutte contre l'esclavage.

Le changement qui s'était produit dans la condition politique du littoral africain et surtout la rapidité avec laquelle l'État du Congo avait pénétré efficacement jusqu'au cœur du continent, stimulèrent bientôt le zèle des autres puissances. Le but de la suppression de la traite, proclamé dès 1876 par Léopold II, apparut plus lumineux à tous, lorsque les progrès accomplis démontrèrent que les projets du Souverain n'étaient pas des utopies, et méritaient autre chose que la pitié bienveillante et parfois narquoise que la plupart se bornèrent à lui accorder au début. Chacun voulut alors hâter la disparition du terrible fléau ; rendant hommage à l'initiative du Roi des Belges, l'Angleterre, qui la première, avait jadis vu naître chez elle un généreux élan contre l'esclavage, et qui célébre le centenaire de sa grande loi anti-esclavagiste de 1807, provoqua la réunion, à Bruxelles, en 1890, d'une conférence internationale.

Le but de celle-ci était « de mettre un terme « aux crimes et aux dévastations qu'engen« drait la traite des esclaves africains, et de « protéger efficacement les populations abo« rigènes de l'Afrique ».

La Conférence de Bruxelles allait ouvrir la période de lutte active contre les esclavagistes ; assurément elle n'était rendue possible que par la phase antérieure des explorations et de l'organisation territoriale si rapidement accomplies en cinq ans.

Aussi, des mesures appropriées étaient-elles nécessitées par ces circonstances nouvelles qui étaient la conséquence d'un progrès dont l'extraordinaire rapidité n'avait pu être prévue par les diplomates réunis à Berlin si peu de temps auparavant.

(Voir page 71, *Mesures de répression de la traite.*)

La Conférence de Bruxelles.

De nouvelles charges allaient être imposées à l'État pour la guerre antiesclavagiste, en exécution des décisions prises ; de nouvelles ressources allaient donc être nécessaires. Aussi la Conférence de Bruxelles n'a-t-elle pas hésité à supprimer en 1890 la prohibition faite à Berlin, d'établir des droits d'entrée sur les marchandises pénétrant dans le bassin conventionnel du Congo. Comme le dit alors le plénipotentiaire anglais, lord Vivian : « le « moment était arrivé où les merveilleux pro« grès accomplis par le jeune État, créaient « des nécessités nouvelles ; où une sage pré« voyance demandait la revision d'un régime « économique adapté principalement à une « période de création et de transition » ; ce n'était en effet que d'une façon toute temporaire, que la Conférence de Berlin avait fait la prohibition, mais son article 4 nous démontre qu'elle croyait bien en 1885, que cette période préparatoire de création et de transition durerait quatre fois plus de temps qu'elle n'a pris en réalité ; nous y lisons, en effet, que : « les puissances se réservent « de décider au terme d'une période de « vingt années si la franchise d'entrée sera « ou non conservée ».

Les ressources de l'État.

Dès lors l'État put donc alimenter son budget tout à la fois par les droits de sortie, les droits d'entrée et l'impôt. Il y ajouta l'exploitation d'une partie du territoire appelée domaine privé, et qui était entrée dans le patrimoine propre de l'État, par le fait même qu'elle était composée de biens vacants.

A ce propos, nous ne pouvons songer à reproduire dans cette courte étude, la discussion que fit naître la manière dont l'État du Congo exploita ses propriétés. L'acte de Berlin lui enlevait-il le droit de considérer comme une véritable spoliation personnelle, les coupes de lianes caoutchoutières faites par les indigènes sur les terres déclarées domaine privé?

L'État avait-il le droit de restreindre, sous ce rapport, l'action des compagnies commerciales?

Peut-on critiquer la création et le fonctionnement d'une personne civile intitulée « Domaine de la Couronne », et devenue propriétaire d'une portion déterminée de terres vacantes que lui attribua le domaine privé ?

L'État peut-il posséder des actions de compagnie commerciales sur son propre territoire, etc. ?

Ce sont là des questions qui sortent du cadre de *notre travail, dont l'objet est uniquement d'étudier quels sont les* RÉSULTATS ACQUIS *dans cette colonie de vingt ans, sans entrer dans le domaine des discussions juridiques ou politiques. Le seul objet que nous poursuivions ici est l'exposé succinct des faits, constatés aujourd'hui en Afrique centrale, et comparés aux faits d'il y a un quart de siècle.* Ces faits nous obligent à reconnaître qu'un État, qui n'a pas de métropole obligée de l'aider dans ses débuts, a besoin de ressources, surtout au moment où il doit créer de toutes pièces son organisation ; qu'ensuite tous les fonds trouvés par lui dans son domaine privé, n'ont par conséquent pas dû être réclamés à d'autres sources, c'est-à-dire à l'impôt ; c'est donc autant de moins que les contribuables, indigènes ou colons, durent fournir.

Les mesures prises contre l'alcool.

C'est là une considération économique, qui, au point de vue du développement d'une colonie, a bien son importance ; elle est d'autant plus digne d'attention, que l'on se rappelle d'autre part, que le Congo ne consentit jamais à se procurer les ressources considérables qu'il aurait pu tirer de l'alcool, s'il n'avait pas craint de nuire à la santé de ses administrés.

Dans le passé, l'importation de l'alcool a été pour les populations de l'Afrique un terrible fléau, car l'indigène s'est mis à absorber d'une façon immodérée des quantités considérables de produits d'ordre inférieur, que les trafiquants lui vendaient sans scrupule. La pénétration du continent, organisée depuis l'existence de l'État du Congo, pouvait devenir un danger considérable pour l'avenir de la race noire, si elle devait entraîner à sa suite la diffusion du terrible poison encore inconnu à l'intérieur des terres. Cette raison d'humanité était doublée de la nécessité, pour les colonisateurs, d'empêcher que tous leurs efforts ne fussent voués d'avance à l'insuccès, si la race autochtone, dont ils avaient besoin, était livrée aux abus de l'alcoolisme ; le nègre est trop incapable de résister par sa propre volonté à la tentation, pour qu'il ne soit pas nécessaire de l'en préserver soigneusement ; aussi l'État du Congo profita-t-il habilement de ce qu'à ses débuts, le bas Congo voisin de la côte, connaissait seul le trafic de l'alcool, tandis que le haut Congo en était indemne. En vue de la préservation du haut Congo, cette situation différente des deux régions, fut soigneusement maintenue par le décret du 17 décembre 1887 ; dès le lendemain de la reconnaissance de l'État par les puissances, il défendait, au delà de la rivière Inkisi, le commerce de l'alcool avec les indigènes, sauf aux négociants munis d'une licence spéciale ; cette licence n'était accordée que sous certaines conditions ayant pour objet d'éviter l'abus, c'est-à-dire la diffusion exagérée des spiritueux, et surtout des spiritueux de mauvaise qualité. Trois ans après, le 16 juillet 1890, un nouveau décret sanctionnait les décisions de la Conférence de Bruxelles, en supprimant la possibilité de la licence, dont nous venons de parler, et interdisant donc complètement, dans la partie du territoire située au delà de l'Inkisi, la fabrication, l'importation et la vente des boissons alcooliques distillées.

La protection des indigènes contre les entraînements du vice de la boisson, fut encore renforcée, deux ans après, par un décret du 9 avril 1892, qui, cette fois, s'occupe du bas Congo; profitant de ce que la Conférence de Bruxelles vient de supprimer la défense d'établir des droits d'importation, le Souverain décrète, dans un but prohibitif, un droit assez fort sur les spiritueux importés dans cette région côtière, jadis livrée au trafic des alcools les moins recommandables. Enfin, en 1896 et 1898, on étendit le plus possible la zone de prohibition absolue, en la reportant graduellement jusque près de Matadi, c'est-à-dire jusque non loin du bas Congo lui-même. Comme le fait remarquer le baron Descamps dans son livre remarquable sur l'*Afrique nou-*

velle, il résulte de là, que dans les dix-neuf vingtièmes du territoire, c'est-à-dire dans une région de 2,337,500 kilomètres carrés, le trafic de l'alcool n'est toléré sous aucune forme. L'absinthe, en particulier, a même été interdite dans le pays tout entier, bas comme haut Congo, par un décret du 15 octobre 1898. La tolérance dont les blancs jouissent pour leur propre consommation de liqueurs fortes, est strictement limitée et surveillée.

Ces mesures sévères de prophylaxie morale et sanitaire, que l'État prit contre ses propres intérêts fiscaux, a eu le résultat de réduire, en quelques années très courtes, l'importation des alcools de plus des cinq sixièmes de ce qu'elle était auparavant. En ce moment encore, personne ne montre plus de zèle que le Congo, pour une nouvelle amélioration du régime des spiritueux en Afrique, puisqu'une nouvelle conférence vient de siéger à Bruxelles.

Les armes à feu.

En même temps que l'on défendait les populations indigènes contre le vice de l'alcoolisme, il fallait également les protéger malgré elles, contre les dangers résultant des abus des armes à feu. Tout en constituant un péril pour l'autorité, les armes n'ont cessé, en effet, d'être surtout l'instrument nuisible facilitant les guerres de tribu à tribu en même temps que les razzias de la traite.

Dès 1888, l'État du Congo, sans avoir pour cela subi l'impulsion d'aucune puissance européenne, interdisait pour tout son territoire, l'introduction des armes perfectionnées, particulièrement dangereuses, ainsi que de leurs munitions.

Le haut Congo était préservé davantage encore par la défense d'y faire pénétrer toutes les armes, même ordinaires, pas plus que la poudre.

L'article 6 de l'acte de Bruxelles ne faisait, en 1890, qu'approuver ce qui avait été fait, et demander la généralisation et le développement de ces mesures pour tout le bassin du fleuve. En exécution de ses désirs, l'État Indépendant élabora dans les années suivantes, tout un système organique du trafic des armes; ces prescriptions sont naturellement enfreintes parfois, mais la prise de possession effective des parties les plus éloignées du territoire, a permis une surveillance particulièrement efficace des frontières, sous ce rapport.

La santé publique et la lutte contre les maladies des indigènes.

Le succès de la colonisation dépendait, à coup sûr, en grande partie de l'état sanitaire de la population noire, ainsi que des colons; le premier bienfait à apporter aux indigènes était l'amélioration de leur santé, par la lutte contre les maladies dont ils ont été incapables de se défendre par eux-mêmes; d'autre part, la première garantie de durée de l'occupation coloniale devait naturellement consister dans la suppression des causes de dépression et de décès des colons. Ce sont des soucis que l'administration ne pouvait perdre de vue si elle voulait faire œuvre durable et forte. La variole qui tuait jadis des milliers d'indigènes, a été combattue efficacement par l'obligation de la vaccination, et l'établissement de huit postes vaccinogènes, dirigés par des spécialistes, munis de tout l'outillage scientifique nécessaire. En ce moment, la redoutable maladie du sommeil fait l'objet des recherches les plus actives favorisées par l'État, à l'étranger comme en Belgique; la preuve s'en trouve dans le don récent fait dans ce but par le Roi à l'Institut colonial de Liverpool, ainsi que dans le prix de 200,000 francs institué en faveur de celui qui découvrira le remède de ce terrible mal. Un institut spécial de bactériologie, fondé sous les auspices de la Société d'Études coloniales et dû en grande partie à l'activité de son vice-président le général Donny, existe à Léopoldville depuis plusieurs années.

La dyssenterie, la malaria, l'hématurie, qui au début atteignaient un si grand nombre de blancs, ont diminné dans des proportions considérables par les progrès de l'hygiène, la meilleure répartition des vivres, la création de iardins légumiers, et même des distributions d'eau dans les grands centres de Boma, Matadi, Léopoldville. Ces dangers qui succédèrent pour les colons à celui de l'anthropophagie, sont évidemment destinés à disparaître comme lui.

Les statistiques sans cesse croissantes, d'importation de denrées alimentaires, montrent assez l'amélioration des conditions hygiéniques et, comme conséquence nécessaire, la diminution de la mortalité des colons.

Un service médical composé de près de 40 praticiens, répartit ses services sur les différentes parties du territoire ; tous les médecins reçoivent en partant, une trousse et une caisse de chirurgie ; ils trouvent dans tous les postes, des médicaments, des hôpitaux pour indigènes, ainsi que bon nombre de lazarets pour Européens. Tous les agents partant pour l'Afrique, reçoivent du reste des guides médicaux destinés à les prémunir contre le danger des maladies locales, et un cours d'hygiène a été annexé à l'Institut colonial fondé à Bruxelles. Ces mesures dictées par le souci de la santé publique, viennent d'être complétées par des travaux ordonnés par le gouverneur général, dans le but d'améliorer les habitations des indigènes, en les mettant à l'abri des eaux trop souvent stagnantes et malsaines après les fortes pluies, et les débarrassant des hautes herbes dont la plupart des villages étaient envahis.

La préoccupation de la santé générale est ancienne déjà, comme le prouvent les commissions locales d'hygiène existant depuis une ordonnance du 24 avril 1899 approuvée par un décret royal du 7 septembre de la même année; il y en a plus de vingt maintenant. En 1900, un rapport au Roi-Souverain faisait ressortir à ce propos, l'importance hygiénique qu'avait l'amélioration des matériaux des habitations indigènes.

Les travaux scientifiques.

Toutes ces applications pratiques de la science, sont le résultat de travaux considérables que le jeune État n'a cessé de favoriser dans tous les domaines scientifiques. L'activité des savants, officiellement encouragés, n'a du reste pas été moindre dans le domaine purement spéculatif, comme le prouvent les admirables collections du Musée de Tervueren; cet établissement est dirigé par une commission permanente d'études, divisée en sections s'occupant des différentes branches à étudier (botanique, zoologie, géologie, minéralogie, anthropologie, ethnographie, etc.). Cette organisation a fait naître toute une série de publications remarquables, sans parler de celle que l'État fait lui-même sur « Les collections de Tervueren ». On n'a reculé sous ce rapport devant aucun sacrifice, convaincu que l'on était à juste titre, de l'utilité économique et administrative de connaître le plus sérieusement possible le pays que l'on doit gouverner; on évite de la sorte bien des fautes trop célèbres dans l'histoire de la colonisation. Ces études sont complétées maintenant, pour les futurs fonctionnaires, par les cours d'une école coloniale créée aux frais de l'État.

L'éducation et l'instruction des indigènes.

Le rôle civilisateur de l'État ne pouvait se borner à ces mesures légales destinées à protéger l'indigène contre ses propres vices et les tentations venues de l'extérieur.

Les colonisateurs devaient forcément avoir soin du développement moral et intellectuel des colonisés ; ils pourvoient au présent par l'organisation administrative et judiciaire ; ils pourvoient à l'avenir par l'éducation et l'instruction destinées à former le cerveau des générations futures d'indigènes.

L'intérêt matériel lui-même commande pareille prévision vis-à-vis d'une population dont la conservation est indispensable à l'avenir de la colonie, puisque le blanc ne peut s'adonner aux travaux trop rudes sous le soleil d'Afrique.

Dès lors, il importe que les associés indigènes des maîtres du pays, puissent apporter aux colonisateurs le maximum d'intelligente collaboration.

Les missions.

Toutes les raisons contribuaient donc à engager l'État à se servir du puissant levier moral de l'évangélisation chrétienne. Il a, sous ce rapport fait preuve de l'esprit le plus large et le plus conforme aux désirs de la

Conférence de Berlin car une hospitalité complète a été accordée aux représentants des diverses confessions, à quelque nation qu'ils appartinssent; c'est si vrai que les premières missions qui s'établirent dans le territoire furent des missions protestantes; la Baptist Missionary Society de Londres s'établissait dans le Bas-Congo dès 1877; elle était suivie en 1879 par la Livingstone Inland Mission et, dans les années suivantes, par beaucoup d'autres associations évangéliques anglaises et américaines, représentées actuellement par plus de deux cents missionnaires, aidés de plus de trois cents catéchistes indigènes.

Les missions catholiques sont divisées en vicariats apostoliques, en préfectures apostoliques et en missions, que se partagent sept différentes congrégations de missionnaires, aidés, pour l'éducation des filles, le soin des malades et le service des hôpitaux, par des religieuses de six ordres distincts.

Les missionnaires dirigent des écoles, enseignent des métiers, créent des villages chrétiens; l'État les favorise en leur concédant l'usage des terres nécessaires aux cultures, et en leur accordant certaines réductions d'impôts et même des subsides.

A partir du 1er juillet 1902, toutes les institutions religieuses et charitables s'étaient vu, sans distinction de confession ni de nationalité, octroyer une réduction de 50 p. c. des taxes personnelles. Les missionnaires baptistes de Londres ont eu la loyauté de le reconnaître officiellement et d'en rendre hommage au roi Léopold, lors d'une audience qu'ils sollicitèrent officiellement dans ce but, au mois de janvier 1903.

Cette politique, qui n'a pas varié depuis trente ans, vient d'être affirmée une fois de plus dans un document officiel par le gouvernement de l'État Indépendant appréciant « la part considérable des missionnaires catholiques dans son œuvre civilisatrice de l'Afrique centrale ». Dans une convention passée en 1906 entre le Saint-Siège et l'État, celui-ci concède, en effet, gratuitement, 100 à 200 hectares de terres cultivables à chaque mission qui fondera, dans certaines conditions déterminées, une école agricole et professionnelle.

Colonies scolaires.

Le gouvernement a complété l'enseignement que les missionnaires assurent presque partout, par des colonies scolaires qui ont pour objet de former tout un monde d'artisans, de soldats, d'employés indigènes, munis d'une solide instruction pratique dosée suivant les besoins de chacun.

Les produits indigènes.

L'alimentation.

Des efforts considérables ont été faits par la collaboration des autorités, des missions et même des compagnies, en vue d'améliorer aussi les ressources nutritives de la contrée. C'est ainsi qu'on a formé des troupeaux de bêtes à cornes et de moutons destinés à l'alimentation; c'est ainsi qu'on a également développé la culture de certaines denrées comme le café et le riz.

Les cultures nouvelles.

Pour ne parler que du riz, à titre d'exemple, rappelons que le riz fut introduit dans l'est du Congo par les Arabes, qui le cultivèrent dans les principaux centres de leur occupation. Après la chute de la puissance arabe, l'État s'appliqua à encourager la culture du riz par la population indigène; prêchant d'exemple, il créa des plantations autour de la plupart de ses stations, notamment à La Romée, près de Stanleyville, où existent de vastes rizières d'un rendement régulier.

Les résultats de la dernière campagne sont encourageants.

Les statistiques dressées à Stanleyville, constatent qu'il a été mis en vente dans la Province orientale, en 1906, 645,316 kilogrammes de riz décortiqué et 374,018 kilogrammes de riz non décortiqué. D'après ce document officiel, les transactions dont cette céréale a été l'objet, auraient donc porté sur une quantité totale de plus de 1,000 tonnes.

En fait, elles ont dû être sensiblement plus importantes, car les statistiques ne portant que sur les ventes officiellement constatées, ne comprennent pas le chiffre des transactions passées entre indigènes, ni les quantités vendues directement par les cultivateurs aux capitaines des vapeurs et aux missions religieuses.

Lutte contre les disettes.

Ces résultats dénotent que les efforts faits dans cette voie aboutiront dans un avenir prochain à prémunir la population indigène contre les disettes dont elle souffrait périodiquement, en attendant de leur créer une source de profits de plus en plus importants.

Protection des enfants abandonnés.

Un décret du 12 juillet 1890, complété par un second décret du 4 mars 1892, pourvoit à la protection, à la tutelle et à l'éducation des enfants délaissés, abandonnés ou orphelins, ainsi que de ceux qui sont libérés à la suite de la dispersion d'un convoi d'esclaves ; les associations religieuses et philanthropiques peuvent être autorisées à les recueillir et à les élever sous la haute surveillance du gouverneur général.

Mesures de répression de la traite.

(Voir page 50, *La lutte contre l'esclavage.*)

Ces mesures protectrices de la personne des indigènes sont complétées par les dispositions radicales que l'État a prises pour réprimer la traite et combattre des coutumes barbares, comme. par exemple, les sacrifices humains et l'épreuve du poison.

On se rappelle la campagne arabe qui remplit les années 1892, 1893 et 1894, et qui, au prix des plus grands sacrifices, aboutit à couper définitivement les voies d'accès des brigands esclavagistes.

Peu avant cette guerre brillante, l'État avait, par le décret du 1er juillet 1891, promulgué un véritable code de la répression de la traite sur terre. Comme le fait remarquer le baron Descamps, dans son volume déjà cité, ce décret s'occupe successivement de la capture des esclaves, des bailleurs de fonds et des receleurs, de l'association formée dans un but de traite, des attentats contre les libérés, des mutilations d'enfants, de la complicité, enfin de la poursuite et du jugement en ces matières.

Protection de la liberté individuelle des indigènes.

Un décret du 8 novembre 1888 assurait déjà aux noirs une protection spéciale de leur liberté, en limitant la durée de leur engagement de travail et réglant la forme des contrats.

Il ne faisait que confirmer le principe du Code civil sur la limitation des engagements de services, et celui du Code pénal qui punit sévèrement toutes atteintes arbitraires à la liberté individuelle.

L'État, lorsqu'il exige le travail de ses administrés, même sous forme d'impôt, a comme principe de les payer, afin de développer chez eux la notion de la nécessité et de la dignité du travail.

Le respect de la personne humaine permet en même temps à la loi, de prévoir l'accès des indigènes à la jouissance des droits civils et leur aptitude à coopérer dans un avenir plus ou moins rapproché à certaines fonctions publiques.

La nécessité de veiller à la stricte exécution de toutes ces mesures a fait instituer, le 18 septembre 1896, une commission spéciale de protection des indigènes, dont font partie trois représentants des missions catholiques et trois représentants des missions protestantes.

Conclusion.

Nous pouvons résumer cet aperçu de la situation de fait en Afrique centrale, en constatant que la vie morale et matérielle s'est totalement transformée dans cette contrée inconnue il n'y a qu'un quart de siècle.

Quels que soient les domaines de l'activité humaine que nous envisagions, qu'il s'agisse de la sécurité publique, de l'administration, de la justice, des moyens de communications, du régime foncier, des transactions commerciales, du respect de la liberté, de la santé et de la vie humaine, nous sommes forcés de reconnaître que là où il n'y avait rien, il y a maintenant quelque chose; que là où il n'y avait que barbarie, il y a maintenant un effort victorieux de civilisation inespérée.

Qu'on discute si l'on veut tel ou tel détail d'exécution, telle ou telle erreur ou même telle ou telle faute personnelle de certains collaborateurs de cette œuvre grandiose, on sera cependant forcé d'admettre la justesse des paroles par lesquelles lord Curzon, résumait, le 2 avril 1897, devant la Chambre des Communes, le résultat humanitaire déjà obtenu il y a dix ans et qui n'a fait, depuis lors, que se doubler de tous les autres résultats économiques et pratiques que nous avons énumérés :

« Il n'est, disait-il, que juste, de rappeler « que l'État du Congo a fait une grande « œuvre et que, par son administration, les « cruautés des esclavagistes arabes ont cessé « sur une étendue de plusieurs milliers de « milles carrés. »

Ajoutons en terminant que l'histoire de la colonisation ne nous offre pas un seul exemple d'un résultat aussi grand et aussi rapidement obtenu avec des moyens initiaux aussi restreints, dans un pays aussi ingrat tant au point de vue du climat que de la population.

LA BELGIQUE SANS LE CONGO

LA BELGIQUE SANS LE CONGO

Malgré les discussions relatives à la colonie, le titre de cet essai paraît à lui seul un paradoxe et une impossibilité, tant en Belgique on est habitué déjà à considérer le Congo comme une partie du patrimoine de la nation.

Nous n'avons intitulé ainsi ce petit travail, exempt de toute tendance de politique intérieure, que pour faire nettement ressortir la portée des réflexions que nous allons essayer d'exposer.

Notre but est d'attirer, en quelques mots, l'attention du lecteur sur l'immensité de la perte que subirait ce pays, si le Congo était subitement arraché à la sphère d'action dans laquelle il se trouve évidemment dès aujourd'hui. C'est dire que, dans cet ordre d'idées, nous laissons de côté la forme de droit public sous laquelle la Belgique tire profit du Congo.

Que ce champ d'expansion existe, comme actuellement, sous forme d'Etat Indépendant, ou que les circonstances le transforment en une colonie légale de la Belgique, peu nous importe, pourvu qu'il subisse l'impulsion qui l'a créé. Il est hors de doute en effet que c'est la Belgique qui tire dès à présent le plus grand avantage du Congo ; nous pouvons donc examiner l'éventualité où il lui serait arraché.

Cet avantage lui-même ne ressort que trop clairement des attaques inouïes dont le Congo fut récemment abreuvé à l'étranger, et qui ne sont, en définitive, qu'un hommage éclatant rendu à sa prospérité, unique dans l'histoire de la colonisation.

Ce sont les conséquences tant morales que matérielles qu'aurait, pour la Belgique, le succès de cette campagne agressive, sur lesquelles nous voudrions ici attirer l'attention.

La Belgique, si jeune encore dans sa carrière de pays indépendant, a eu la chance inespérée de pouvoir tirer avantage des événements politiques dont ses voisins souffraient, et surtout d'être gouvernée successivement par deux souverains dont l'Europe entière admire les rares qualités.

Habitué ainsi depuis trois quarts de siècle, à un constant bonheur qu'il croit lui être dû, et dont il n'a pas eu la peine d'être l'artisan, le peuple belge ne se rend peut-être pas toujours suffisamment compte des éléments constitutifs de sa prospérité.

Celle-ci n'aurait certainement pas pu se maintenir au point culminant qu'elle atteignait après la guerre de 1870, si de nouveaux débouchés n'avaient été offerts à son expansion industrielle.

Les Belges cependant, peu habitués aux initiatives lointaines, laissaient à leurs puissants voisins le soin de s'assurer, dans les pays d'outre-mer, une concurrence victorieuse contre eux.

C'est l'époque à laquelle un seul citoyen belge vit plus loin que nos étroites frontières, et fit preuve d'un esprit d'initiative et d'une habile ténacité qui l'ont fait surnommer le Napoléon de la diplomatie.

Léopold II s'était toujours montré l'apôtre de cette grande pensée d'expansion qu'avait eue aussi Léopold Ier; il créa, à lui seul, une colonie pour la Belgique. Tout d'abord, cette colonie a assuré au pays des profits matériels difficilement contestables. (Voir page 85).

Les statistiques commerciales publiées chaque année, montrent que la Belgique a le gros morceau des importations sans cesse croissantes.

La colonie a eu aussi l'inestimable avantage de tremper le caractère national, de le sortir des horizons étroits dans lesquels il se complaisait; la preuve s'en montre tous les jours dans les entreprises lointaines auxquelles les Belges prennent part; elle ressort de même, de l'intérêt qu'ils témoignent en fin à ce qui concerne le Congo; pour tout cela, en effet, il était nécessaire que le Congo eût modifié leur habituel esprit d'indifférence.

Comme on l'a dit :

« En nous apprenant à ne plus limiter notre activité au champ restreint qu'embornent nos petites frontières, le créateur de l'œuvre congolaise, nous a rendu un inoubliable service.

On le dira bien haut à l'heure où les passions s'étant tues la justice fera entendre sa voix. »

L'intérêt que nous portons à la colonie date en somme du jour où nous nous sommes aperçus que d'autres s'y intéressaient trop; ceux même qui sont le plus hostiles au Congo, sont assez patriotes belges pour ne pas vouloir qu'une autre nation en recueille le profit.

Réjouissons-nous donc de ce que le cauchemar de la perte de cette contrée ait provoqué une crainte bienfaisante; c'est cette vision qui a enfin forcé la généralité des Belges à apprécier la valeur du magnifique cadeau qu'ils ont reçu, et tout au moins à s'en préoccuper.

En même temps, le Congo donne à la Belgique une importance internationale dont elle n'aurait pu trouver en elle-même la raison d'être. Destiné à profiter des avantages de la neutralité si précieuse pour la Belgique, le Congo semble appelé à procurer à la mère-patrie une solidité nationale qui la mette, mieux que n'importe quoi, à l'abri d'un coup de main de l'étranger.

Il est évident, en effet, que la Belgique a

dû, dans le passé, une partie de sa sécurité à la jalousie réciproque de ses puissants voisins.

Son intérêt n'est donc nullement opposé au maintien de cette jalousie par une prospérité grandissante, tant à l'intérieur qu'au delà des mers. Plus, en effet, le morceau sera considérable, et moins l'une quelconque des puissances voisines pourra permettre à l'autre de se l'approprier. Cette réflexion est du reste consolante, car si le contraire était vrai, la Belgique serait dans le cas bizarre d'un homme qui serait forcé de se laisser mourir d'inanition pour continuer à vivre.

Grâce au Congo, la Belgique peut se vanter de n'être plus, à l'avenir, l'appoint infime que l'on jette dans la balance des compensations internationales pour satisfaire un voisin mécontent.

La neutralité du Congo, jointe à celle de la mère-patrie, lui donnera sous ce rapport les garanties internationales dont on ne peut méconnaître les avantages. Aussi ne peut-on songer sans une crainte légitime à ce que ce pays serait dans l'avenir, si la colonie, devenue nécessaire à son développement, était perdue pour lui.

La Belgique serait dans la situation d'une personne qui, après avoir fait un brillant héritage, aurait tout à coup perdu sa fortune.

Le comte de Smet de Naeyer a eu raison de dire que la renonciation définitive de la Belgique à l'idée du Congo porterait atteinte à sa considération, car il semble qu'un acte semblable serait un véritable suicide national [1]. Tout en rendant hommage aux dévouements admirables et aux brillantes capacités que quelques Belges ont déployés en Afrique, tout le monde reconnaîtra cependant que les avantages résultant pour la Belgique de son expansion au Congo, sont pour elle le résultat d'une munificence à laquelle son propre mérite est étranger.

En tant que nation elle n'a rien fait au début pour la création de cette dépendance

[1] Notons que depuis que ces réflexions ont été écrites, M. Vandervelde lui-même a dû reconnaître et a eu la courageuse franchise de proclamer que l'abandon de l'œuvre congolaise par la Belgique, lui paraissait désormais impossible.

lointaine et, c'est presque malgré elle que quelques hommes d'État comme Beernaert et Lambermont ont pu, il y a vingt ans, en même temps qu'une poignée de braves soldats, aider le Roi dans son œuvre.

Cependant, traitée en véritable enfant gâté de la Fortune, la Belgique a profité de chacun des progrès au Congo, sans que jamais du reste elle ait eu à s'en préoccuper, d'une façon suivie; aussi, chaque fois que le peuple belge a été forcé de s'en occuper, a-t-il semblé avoir toutes les peines du monde à comprendre que de pareils bienfaits ne lui sont pas dus et qu'il est naturel qu'il contribue parfois lui-même au maintien d'une situation aussi privilégiée.

Il était si commode de laisser au Roi tout le souci et toute la charge du Congo, et de ne se souvenir de l'existence de celui-ci que pour se réserver le doux plaisir de la critique, tout en y envoyant les produits d'industries qui, sans ce débouché, seraient loin d'être ce qu'elles sont devenues.

Les statistiques font aisément ressortir ce dernier point. Prenons à titre d'exemple l'industrie des tissus; comme le disait il y a déjà quelques années, M. Van Wincxtenhoven, dans une excellente brochure :

« jadis, les articles connus sous le nom de « *grey domestic* (coton écru), d'*americani* (éga- « lement coton écru), de *checks* et d'*indigo* « *drills* (tous les deux coton teint) ainsi que « de *savedlist* (laine et coton), qui sont d'une « expédition courante, s'achetaient à l'étran- « ger ; les manufactures belges ne les produi- « saient pas.

« Grâce aux efforts de l'État Indépendant « qui est, on le comprend, un des grands « importateurs d'articles manufacturés au « Congo, les *grey domestics* (tissu écru de « chaîne grosse et de trame fine) et les *ame-* « *ricanis* tissu écru, chaîne et trame grosses) « ont été rapidement l'objet de la fabrication « nationale.

« En ce qui concerne les tissus teints, « notre industrie a eu plus de peine à lutter « contre les produits étrangers ; mais, ici « encore, grâce à l'appui de l'Administration « congolaise, qui a préféré momentanément « payer des prix surélevés aux fabricants

« belges que de s'adresser au dehors, elle a « fini par l'emporter. En 1888 furent fabriqués « en Belgique les premiers *checks* tissus « composés, suivant la qualité, de fils gros ou « fins, blanchis et teints en bleu, mélangés « en chaîne et en trame.

« Les *indigos drills,* qui consistent en un « tissu croisé de gros fils de coton écru de « belle qualité, offrant une bonne résistance, « teint en indigo après le tissage, suivirent « en 1890, de même que les *ginghams,* coton- « nades se rapprochant des *checks*, mais « additionnées de fils teints en rouge, jaune, « bleu, vert, suivant les dessins demandés. »

La classe ouvrière n'a pas été la dernière à tirer profit de cette nouvelle activité nationale due au Congo.

Chose curieuse, lorsque parfois il s'est agi de savoir ce qu'ils feraient, dans l'avenir, d'une colonie due au Roi, les Belges ont à peine songé à consulter de bonne grâce le grand spécialiste de la colonisation qu'ils ont chez eux, et dont tous les autres peuples admirent la science coloniale et le dévouement à l'expansion belge.

C'est à grand'peine que le parlement aboutit à un moment donné, à cette conclusion que la forme d'existence du Congo, État indépendant ou colonie, n'avait qu'une importance secondaire, pourvu que l'œuvre fût assurée de la direction de celui qui l'avait créée. Cela n'empêche pas la nécessité d'examiner les conditions de la reprise; mais pareil phénomène qu'un historien de l'avenir aura peut-être quelque peine à comprendre, est en corrélation avec cet autre fait au moins bizarre que, chaque fois qu'ils ont cru voir une initiative formelle du Roi dans tel ou tel sens, beaucoup de Belges n'ont pu se défendre d'une incroyable méfiance.

Le caractère grincheux et méfiant de nos compatriotes s'est manifesté du reste chaque fois que leur Souverain émettait, dans n'importe quel autre domaine, une idée sortant de la routine nationale.

Généralement, il a donc dû se borner à leur être utile malgré eux, en suscitant autour de lui quelques collaborations éclairées.

Le dévouement témoigné par le Roi à la Belgique, dans cette œuvre du Congo, ressort tout d'abord de l'offre exprimée par son testament et par sa lettre écrite à M. Beernaert, le 5 août 1889.

Ces documents que nous venons de citer sont corroborés par toute l'histoire de l'État Indépendant et de ses relations avec la Belgique. Les difficultés survenues ne détruisent pas leur portée. Aux yeux du monde entier, Léopold II a en effet commencé par être véritablement le Christophe Colomb de l'Afrique; ensuite, sans parler de la grande idée civilisatrice qui n'a cessé d'inspirer son œuvre et lui a fait surmonter les difficultés énormes du début, le Roi a créé le Congo dans un intérêt national belge; il veut tout naturellement que son œuvre puisse être utilement continuée par la Belgique.

Celle-ci semble donc devoir un jour gouverner cet immense territoire et c'est là que surgit la difficulté pratique qu'il faut vaincre. En effet, tous ceux qui se sont quelque peu occupés des questions coloniales, sont d'accord pour dire qu'un gouvernement du Congo improvisé et soumis aux fluctuations parlementaires, serait la ruine de l'œuvre admirable du Roi. L'histoire de nos voisins nous apprend assez que les besoins de la politique intérieure ne font, en effet, point échapper les colonies aux interpellations et aux combinaisons des partis.

Chacun se souvient de l'exemple fameux de la chute du cabinet Jules Ferry en 1885 — au lendemain d'un échec plus imaginaire que réel d'une colonne française à Langson.

Il faut donc trouver pour le Congo un système de gouvernement spécial, adapté à ses besoins et tenant compte à la fois des besoins de la colonie et des exigences légitimes résultant de la constitution et des traditions de la mère-patrie.

Jusqu'ici les Belges avaient découvert d'autant plus facilement un système de gouvernement colonial, qu'il existait déjà sans leur intervention, et qu'ils n'ont eu qu'à laisser agir pour profiter de ce qui se faisait.

Possédant chez eux le créateur de cette œuvre, dont la grandeur force l'admiration de ses adversaires eux-mêmes, ils ont eu la chance qu'il pût pendant vingt-cinq ans, continuer à s'en occuper et à en assumer tout le fardeau (1).

Nos Chambres — composées, presque en totalité, de gens qui ont rarement dépassé la frontière et qui certainement n'avaient jamais, dans le passé, étudié les questions coloniales — ont jusqu'à présent pu profiter de cette chance.

Les attaques dont le Congo a été l'objet, prouvent assez combien il est nécessaire que, dans l'avenir, le pays soit prudent et s'inspire des sages conseils de son Roi pour assurer à la Belgique la magnifique colonie qu'il a si généreusement créée pour elle, et qu'il a été jusqu'ici seul capable de lui conserver.

(1) Les événements qui se sont passés depuis trois ans et qui ne cessent de se développer encore, ont naturellement amené une nouvelle phase de la question congolaise, mais ne détruisent pas la portée des réflexions de principes que nous émettions en 1904. La discussion de ces événements et de leur valeur a fait l'objet de bien des travaux récents connus de tous, et dont l'analyse n'ajouterait rien à la petite étude de principe, ici reproduite.

www.ingramcontent.com/pod-product-compliance
Ingram Content Group UK Ltd.
Pitfield, Milton Keynes, MK11 3LW, UK
UKHW021112200726
13857UKWH00003B/1196

9 782013 021746